LOS SENTIMIENTOS

EL ENOJO

por Alissa Thielges

amicus LEARNING

fruncir el ceño

lanzar cosas

Busca estas palabras e imágenes mientras lees.

brazos cruzados

gritar

El enojo es un sentimiento fuerte.
Significa que estás enfadado.

fruncir el ceño

Lola está enojada.
Su hermana tomó su juguete.
Frunce el ceño.

Henry está enojado.
Su amigo hizo trampa.
Se cruza de brazos.

brazos cruzados

gritar

Ellie está molesta.
La cola es demasiado larga.
Ella grita.

lanzar cosas

Brock se enoja fácilmente.

Perdió un juego.

Lanza su juguete.

Todos nos enojamos a veces.
Respira hondo.

Puedes hablar de tu enojo.
¿Qué te enfada?

fruncir el ceño

lanzar cosas

¿Lo encontraste?

brazos cruzados

gritar

SPOT

Publicado por Amicus Learning, un sello de Amicus
P.O. Box 227, Mankato, MN 56002
www.amicuspublishing.us

Library of Congress Cataloging-in-Publication Data
Names: Thielges, Alissa, 1995- author.
Title: El enojo / by Alissa Thielges.
Other titles: Angry. Spanish
Description: Mankato, MN : Amicus Learning, an imprint of Amicus, [2025] | Series: Los sentimientos | Audience: Ages 4–7 | Audience: Grades K–1 | Summary: "What makes kids feel angry? Translated into North American Spanish, encourage social-emotional learning with this beginning reader that introduces vocabulary for discussing feelings of anger with an engaging search-and-find feature"– Provided by publisher.
Identifiers: LCCN 2024021950 (print) | LCCN 2024021951 (ebook) | ISBN 9798892002721 (library binding) | ISBN 9798892002783 (paperback) | ISBN 9798892002844 (ebook)
Subjects: LCSH: Anger in children–Juvenile literature. | Anger–Juvenile literature.
Classification: LCC BF723.A4 T4518 2025 (print) | LCC BF723.A4 (ebook) | DDC 155.4/1247–dc23/eng/20240626
LC record available at https://lccn.loc.gov/2024021950
LC ebook record available at https://lccn.loc.gov/2024021951

Impreso en China

Ana Brauer, editora
Deb Miner, diseñador de la serie
Kim Pfeffer, diseñador de libro y investigación fotográfica

Créditos de Imágenes: Alamy Stock Photo/Eloisa Ramos, 8; Freepik/freepik, 1, 7, 14, master1305, 3, user23778514, 6; Getty Images/georgeclerk, 8–9, kool99, 12–13, ktmoffitt, 11; Shutterstock/kornnphoto, 4–5, PeopleImages.com - Yuri A, cover